BEI GRIN MACHT SICH IHR WISSEN BEZAHLT

AF139782

- Wir veröffentlichen Ihre Hausarbeit, Bachelor- und Masterarbeit

- Ihr eigenes eBook und Buch - weltweit in allen wichtigen Shops

- Verdienen Sie an jedem Verkauf

Jetzt bei www.GRIN.com hochladen und kostenlos publizieren

Bibliografische Information der Deutschen Nationalbibliothek:

Die Deutsche Bibliothek verzeichnet diese Publikation in der Deutschen National-
bibliografie; detaillierte bibliografische Daten sind im Internet über http://dnb.d-
nb.de/ abrufbar.

Impressum:

Copyright © 2017 GRIN Verlag, Open Publishing GmbH
Druck und Bindung: Books on Demand GmbH, Norderstedt Germany
ISBN: 9783668508170

Dieses Buch bei GRIN:

http://www.grin.com/de/e-book/374705/eigenstaendiges-rasieren-als-projekt-
unterstuetzung-eines-beeintraechtigten

Julian Ansorg

Eigenständiges Rasieren als Projekt. Unterstützung eines beeinträchtigten Menschen bei der Gesichtspflege

GRIN Verlag

GRIN - Your knowledge has value

Der GRIN Verlag publiziert seit 1998 wissenschaftliche Arbeiten von Studenten, Hochschullehrern und anderen Akademikern als eBook und gedrucktes Buch. Die Verlagswebsite www.grin.com ist die ideale Plattform zur Veröffentlichung von Hausarbeiten, Abschlussarbeiten, wissenschaftlichen Aufsätzen, Dissertationen und Fachbüchern.

Besuchen Sie uns im Internet:

http://www.grin.com/

http://www.facebook.com/grincom

http://www.twitter.com/grin_com

Unterstützung bei der Gesichtspflege, in dem Fall „das Rasieren"

1. Seminarjahr

von Julian Ansorg

Inhalt

Biographie und Diagnose

Kai (Name geändert) ist ein 45-jähriger junger Mann, mit dem Morbus Down-Syndrom. Er ist ca. 1,65m groß und wiegt ca. 70kg. Kai hat fast sein ganzes Leben in Einrichtungen verbracht. Zuerst lebte er in B., wo er dann zur gleichen Zeit in F. seine Schulbildung absolvierte. Im Jahre 1995 kam er dann schließlich zu uns auf den Lehenhof. Daraus könnte man schließen dass Kai, aus keinem guten Elternhaus kommt, aber dies ist gewiss nicht so. Er kommt aus einem sehr guten gefestigten Elternhaus. Sein Vater möchte nur das Beste für seinen Sohn, das merkte ich schnell, als ich mich mit ihm unterhalten habe. Vor ca. 7 Jahren musste Kai einen herben Rückschlag hinnehmen, seine Mutter ist damals an Krebs verstorben. Ich kann beobachten dass Kai bis heute den Verlust seiner Mutter noch nicht ganz verkraftet hat. Seit 2015 lebt er bei uns in der Hausgemeinschaft, wo er sich sehr wohl fühlt

Ende März 2017 besuchte ich Herr S., den Vater von Kai, in einem kleinen Ort am Bodensee. Er konnte mir sehr viel über die genaue Diagnose von Kai erzählen. Herr S. konnte mir wahrscheinlich auch deshalb eine so gute Information geben, weil er selber Arzt war. Wie schon oben genannt hat Kai das Morbus Down-Syndrom mit einem angeborenen Herzfehler. Viele Menschen mit Down-Syndrom kommen mit einem Herzfehler zur Welt. Kai kam mit einem AV-Kanal zur Welt. Dies ist eine Verbindung zwischen Vorhof und Hauptkammer im Herzen. Der Herzfehler wurde sehr bald operativ behoben. Mit 14 Jahren leidete Kai an einem Hüftkopfgleiten. Man kann sich dies vorstellen, wie ein Hüftkopfbruch. Nach dem operativen Eingriff musste Kai ein Jahr eine Schiene am Bein tragen. Nach dem Absetzen der Schiene destabilisierte sich das ganze wieder. Dadurch hatte er eine ca. 10cm Beinverkürzung. Durch einen orthopädischen Schuh glich er diese aus, bis er einige Jahre später eine Hüftprothese bekam. Wie die meisten Menschen mit Down-Syndrom hat auch Kai Probleme mit seinen Augen. Er hat einen angeborenen Nystagmus was üblich bei Menschen mit Down-Syndrom ist. Wenn Kai Dinge genau fokussiert mit seinen Augen, konnte ich beobachten dass er gerne seinen Kopf in eine Schiefhaltung bewegt. Auf dieses Phänomen sprach ich Herrn S. an. Er erzählte mir, dass dies nicht ganz klar sei, warum er dies tut. Es könnte mit dem Nystagmus zusammen hängen, damit er das Augenzittern ausgleicht, was bei vielen Menschen der Fall ist, auch bei mir persönlich oder es liegt an dem Phänomen das Kai vorwiegend mit dem rechten Auge sieht, obwohl er auf beiden Augen die gleiche Seestärke hat. Dies kann an seiner Behinderung liegen, aber da sind sich die Ärzte uneinig, so schilderte mir es Herr S. Durch Das Gespräch mit Herrn S. habe ich ein sehr gutes und authentisches Bild von Kai gewinnen können, in der für mich persönlich, in seiner Diagnose keine Fragen offen stehen. Nach dem Gespräch hatte ich das befriedigende Gefühl, das ich nun Kai als Mensch sehr gut verstehen und nachvollziehen kann.

Kai hat ein phänomenales gutes Gedächtnis. Er erinnert Situation von, vor einigen Jahren sehr detailiert. Das fasziniert mich immer wieder. Genauso wie ich beobachten kann, das er sich gut mit den verschiedenen Bibelstellen auskennt. Kai lebt richtig in seiner Fantasy Welt. Herr der Ringe ist für ihn das wichtigste in der Fantasy Welt.

In den Abendstunden möchte Kai aber auch für sich gerne alleine sein auf seinem Zimmer. In der Zeit ließt er gerne oder er schreibt und bastelt etwas für jemanden der Geburtstag hat oder für einen Mitarbeiter, der uns verlässt. Kai findet in seinen Büchern aber auch immer den richtigen Spruch für den richtigen Moment für diese Person. Diesen Spruch schreibt er dann mühevoll ab und mahlt oder bastelt etwas dazu. Das ist ein Phänomen was mich selber sehr beeindruckt, das er dieses Gespür hat. Früher hat Kai wohl sehr viel gemalt, so schilderte mir es Herr S. Er zeigte mir einige Bilder von Kai.

Kai ist sehr gut bei uns in der Hausgemeinschaft integriert. Er pflegt einen guten sozialen Umgang mit seinen Mitmenschen. Für Kai ist der Lehenhof in den letzten Jahren zu seinem Zuhause geworden. Er ist immer gern gesehen hier auf dem Lehenhof. Auch in anderen Hausgemeinschaften ist er ein gern gesehener Gast.

Das Ziel meiner Tätigkeit

In diesem Projekt werde ich Kai bei seiner Gesichtspflege, in diesem Fall bei seiner Gesichtsrasur unterstützen. Kai kann sich weites gehend selbständig rasieren. Allerdings bleibt er immer an derselben Stelle, an der linken Seite vom Kinnbereich unrasiert. Ihn stört es selber nicht, dass er an dieser Stelle nicht rasiert ist. Lange habe ich mir darüber Gedanken gemacht, womit dies zusammen hängt, das Kai immer an der gleichen Stelle unrasiert bleibt und es den Anschein macht, dass es ihm nicht auffällt. Hängt es vielleicht damit zusammen dass die Wahrnehmung von Kai ein weinig eingeschränkt ist? Oder hat es viel mehr damit zu tun, dass sein Sehvermögen ein bisschen schwächer ist, als bei anderen Menschen? Ich selber weiß es noch nicht und versuche dies in meinen Beobachtungen, in den Durchführungen zur Unterstützung seiner Gesichtspflege beobachten zu können. Um dann später an anderer Stelle in dieser schriftlichen Ausarbeitung von meinen Beobachtungen, die ich hoffentlich machen kann, berichten zu können.

Im Rahmen von Kais Samstagvormittagsprogramm werde ich ihn bei seiner Gesichtspflege, in diesem Fall, wie schon oben erwähnt, bei seiner Gesichtsrasur unterstützen. Jeden Samstag nach dem Frühstück nehme ich mir die Zeit, die er braucht, um ihn bei dieser Tätigkeit zu unterstützen. In der Regel nimmt die Gesichtspflege fünfzehn bis zwanzig Minuten Zeit in Anspruch. Am Anfang des Projektes habe ich Kai in seinem Zimmer dabei unterstützt. Aber aus verschiedenen Gründen, die ich im nächsten Kapitel näher erläutern werde, habe ich mich entschlossen, mit Rücksprache von Kai unter dem Aspekt, was ihm am besten helfen würde, die ganze Session in das Gemeinschaftsbadezimmer der Herren zu verlegen. Auch weil die Räumlichkeiten deutlich größer sind. Aber dazu mehr im nächsten Kapitel.

Mein Ziel wird es sein, mit Kai zu erarbeiten, dass er mit Hilfe vom Einsatz des Tastsinn zu spüren lernt, in wieweit er an den besagten „Stellen" noch rasieren sollte und mit Hilfe vom Einsatz des Sehsinnes zu erkennen, (mit dem Hilfsmittel, dem Spiegel) an welchen Bereichen er noch nach bessern sollte. Ein ganz besonderes Augenmerk gilt auf die sogenannten Schwachstellen, am linken Kinnbereich zu fokussieren. Ich werde Kai zeigen, wie er mit seinen Händen tasten kann, ob in seinem Gesicht noch Bartstoppeln sind oder auch nicht. Vor dem Projekt tat er dieses nicht. Genauso wie ich ihm zeigen werde dass er durch seinen Spiegel auch seine Bartstoppeln sehen kann.

Im April 2017 möchte ich erreicht haben, dass sich das Rasiervermögen von Kai so verbessert hat, dass er in der Lage ist, sich weitestgehend selbständig gründlich zu rasieren. Aber auch sein Bewusstsein zu erweitern, dass er selber bewusster wahrnimmt, wann er sich rasieren sollte im ganzen Gesicht.

An manchen Stellen ist er fast immer gut rasiert. Bei mir erweckt es den Eindruck dass Kai schnell die Übersicht verliert an welchen Stellen er sich noch nicht rasiert hat.

Dies wird mein Ziel sein, das er bis April 2017 sich weitestgehend selbständig rasieren kann

Ausführliche Beschreibung der Tätigkeit

Wie ich schon erwähnt hatte nehme ich mir für Kai, in der Regel immer am Samstagvormittag Zeit, um ihn bei der Gesichtspflege, in dem Fall bei beim Rasieren zu unterstützen. Am Anfang des Projektes habe ich Kai bei der Unterstützung des Rasierens in seinem Zimmer geholfen. Allerdings kristallisierte es sich sehr schnell heraus, dass für Kai die Lichtverhältnisse in seinem Zimmer nicht ausreichend waren. Er erzählte mir, nach der dritten Durchführung, dass ihm das Licht über seinem Waschbecken, in seinem Zimmer zu dunkel sei. Also machte ich Kai den Vorschlag, dass er sich im Gemeinschaftsbad der Herren auf der Etage rasieren könnte. Dort ist das Licht deutlich besser, durch das Sonnenlicht (andere Himmelsrichtung, als in seinem Zimmer) und das bessere Deckenlicht. Seit diesem Zeitpunkt unterstütze ich Kai bei seiner Gesichtspflege ausschließlich im Gemeinschafsbadezimmer der Herren. Allerdings machte ich die Beobachtung, das Kai für das Rasieren nur das Gemeinschafsbad nutz, wenn ich ihn dabei Unterstütze. Da stelle ich mir die Frage, ob er dies vergisst wenn er alleine sich rasiert oder ob er es aus einer gewissen Bequemlichkeit nicht macht.

Kai braucht sehr viel Ruhe in seiner Tätigkeit, die er ausübt, auch wenn er sich rasiert. Ganz schnell hat man bei ihm das Phänomen, das er sich gestresst fühlt. Am Abend bevor ich ihn bei seiner Gesichtspflege unterstütze, kündige ich Kai dies an. Damit er sich innerlich darauf einstellen kann, dass ich ihm am nächsten Morgen bei seiner Rasur unterstütze. Diese Beobachtungen mache ich immer wieder bei ihm, dass er Zeit und Ruhe braucht. Ich war bei Kai auch schon in der Situation, dass ich ihm vergessen hatte zu erzählen, dass ich ihm am nächsten Vormittag bei seiner Rasur helfen würde. Dies hatte zur Folge, dass Kai an dem Vormittag total gestresst war und daher überhaupt keine Geduld hatte bei der Durchführung. Er hatte das Gefühl, dass er unter Zeitdruck stand, weil er nur daran dachte, dass er noch vor dem Mittagessen sein Zimmer aufräumen müsste. Dies gab er mir auch verbal deutlich zu verstehen. Dadurch ist mir natürlich die Durchführung des Projektes, an diesem besagten Vormittag misslungen. Nach meinen Beobachtungen braucht Kai ganz viel Sicherheit und Struktur in seinem Tagesablauf. Dies kann man sehr gut an dem gerade beschriebenen Beispiel sehen, das diese Sicherheit und Struktur, wenn etwas unvorhergesehenes eintritt, bei ihm ganz schnell aus dem Gleichgewicht geraten kann.

Wenn ich Kai so beobachte, fällt mir immer wieder auf, dass er in jeder der Durchführungen immer die gleichen Handbewegungen ausübt, wenn er sich darauf vorbereitet und die benötigen Utensilien holt. Er legt z.B. immer erst seinen Rasierer bereit und dann sein Handtuch aber niemals umgekehrt. Das was ich dort bei der Gesichtspflege beobachte, spiegelt sich auch in seinem ganzen Tagesablauf wieder, dass er die Dinge in einem ganz bestimmten Ablauf macht und das an jedem Tag aufs Neue aber exakt genauso wie am Vortag.

Von Beginn an, des Projektes bis Ende Dezember 2016 hatte Kai einen Rasierer, der sich nicht gut für ihn eignete, so schien es mir. Er hatte ganz große Probleme, die schwierigen Stellen, insbesondere seine „Schwachstelle" am linken Kinnbereich gründlich zu rasieren. In dieser Situation hatte ich große Bedenken, ob ich jemals mein Ziel erreichen würde. Ich machte ganz schnell die Beobachtung, dass Kai relativ schnell, in der Situation aufgegeben hat und mich fragte, ob ich ihm helfen könnte. So machte ich mir Gedanken wie ich erreichen kann, das sich daran etwas ändert, dass er nicht so schnell aufgibt. Für mich war es ganz klar, dass Kai einen neuen Rasierer benötigt, damit er überhaupt eine Chance hat, ein Erfolgserlebnis in näherer Zukunft zu haben. Ich entschied mich, in seiner Gegenwart dies zu erwähnen, dass er wahrscheinlich einen neuen Rasier bräuchte. Nach den Weihnachtsferien kam er freudestrahlend mit einem neuen Rasierer zu mir. Dies hatte mich doch sehr verwundert, da ich vor den Weihnachtsferien nicht den Eindruck hatte, dass es ihm wichtig sei, einen guten Rasierer zu besitzen, mit dem er problemlos sich selber besser rasieren kann. Darüber hinaus war ich erstaunt, dass Kai die Eigeninitiative ergriffen hatte und seinem Vater von der Problematik mit dem Rasierer berichtete, dass es sinnvoll wäre, wenn er einen neuen Rasierer sich kaufen würde. Diese Situation machte deutlich, dass Kai doch das Bedürfnis hatte, einen guten funktionierenden Rasierer zu besitzen, auch wenn er es mir nicht gezeigt hatte.

Um einen besseren Eindruck von der Entwicklung der praktischen Durchführung zu bekommen werde ich, anhand von zwei beschriebenen Durchführungen dies verdeutlichen. Einmal meine zweite Durchführung im November 2016 und eine Durchführung aus dem Januar 2017:

Ich habe Kai darauf vorbereitet, dass ich am Samstagvormittag, nach dem Frühstück ihn bei der Gesichtspflege unterstützen werde. Nach dem Frühstück ging ich mit Kai gemeinsam in sein Zimmer. Dort legte er ein Handtuch um seine Schultern und machte sich gleich daran mit seinem Rasierer sich zu rasieren. Der Rasierer war schon etwas älter und daher nicht so ganz scharf. Ich zeigte Kai, dass er durch seine Hände ertasten kann, an welchen Stellen er noch nachbessern sollte. Genauso wie ich ihm zeigte, dass er durch seinen Spiegel sehen könne, an welchen Stellen sich noch Bartstoppeln befinden. Kai verlor recht schnell die Geduld, sobald der Rasierer ein bisschen überfordert mit seinen starken Bartstoppeln war. Daraufhin half ich ihm. Mit meiner Unterstützung funktionierte das Rasieren recht gut. Auch wenn ich gesehen habe und beim betätigen des Rasierers gemerkt habe, das der Rasierer nicht der beste sei, bzw. die Rasierklingen stumpf seien. Diese Durchführung war für mich nicht zufrieden stellen und ich dachte, ob ich jemals mein Ziel erreichen werde. Das wandelte sich ganz schnell im neuen Jahr als Kai mit einem neuen Rasierer von zu Hause ankam. In der folgenden beschriebenen Durchführung vom Januar 2017 sieht man eine deutliche Steigerung zur Durchführung vom November 2016. Das stimmte mich doch sehr erfreut und positiv.

Wie auch bei der zweiten Durchführung (die ich beschrieben habe), hatte ich im Vorwege Kai darauf vorbereitet, indem ich mit ihm gesprochen hatte, dass ich ihn am Samstagvormittag bei der Gesichtspflege unterstützen möchte. Nach dem Frühstück, gingen wir gemeinsam auf sein Zimmer. Er holte sein Handtuch und seinen Rasierer. Damit gingen wir zusammen in das Männerbadezimmer auf der Etage. Am Anfang des Projektes taten wir das Rasieren in seinem Zimmer. Da im Männerbadezimmer die Lichtverhältnisse deutlich besser sind, haben wir uns dazu entschieden dies dort zutun. Sein Handtuch legte er, auch wie bei der zweiten Durchführung auf seine Schultern. Sofort legte er los, sich selber zu rasieren. In der zwischenzweit, über Weihnachten, wie Anfangs schon erwähnt, bekam Kai einen neuen Rasierer. Ich beobachte Kai beim Rasieren und bemerkte sehr schnell, dass er durch seinen neuen Rasierer viel besser sich selber rasieren konnte, als er dies mit dem alten Rasierer noch konnte. Genauso wie ich sah, dass er selbstständig seinen Tastsinn mit seinen Händen anwendete, aber beim Einsatz vom Sehsinn brauchte er zu diesem Zeitpunkt noch Unterstützung. Für mich war es eine große Überraschung und Freude zugleich.

Mir viel auf, das wenn er durch Betätigung des Sehsinnes, genau seinen Bartwuchs im Spiegel betrachtete, das er eine Kopfschiefhaltung hatte. Wie im ersten Kapitel schon erwähnt, könnte dies mit dem Nystagmus zusammen hängen, das er das Augenzittern mit der Kopfschiefhaltung ausbalancieren tut, aber dies ist nur eine Vermutung.

Ich hatte es nicht für möglich gehalten, das es so einen großen Unterschied macht mit einem neuen Rasierer. Kai war nicht mehr ungeduldig, wie er es noch davor war mit dem alten, stumpfen Rasierer. Ganz am Ende brauchte er bei einer kleinen Stelle nur ein bisschen Unterstützung. Bei dieser Durchführung hatte ich das erste Mal das Gefühl, das ich mein Ziel des weitestgehen selbstständigen gründlichen Rasierens erreichen könnte.

Im Januar 2017 hatte meine Praxislehrkraft vom Lehenhof Kai und mich besucht, um zu sehen wie die praktische Durchführung funktioniert aber auch, um mir wertvolle Tipps und Hilfestellungen zu geben, worauf ich vielleicht in Zukunft achten sollte, damit Kai sich während der Session noch wohler fühlt und es für ihn nicht zum Krampf wird. In dieser Situation war Kai sehr viel anders. Mir kam es vor, als ob er aufgeregt war, weil im Hintergrund meine Praxislehrkraft uns beobachtete. Auch wenn ich Kai im Vorwege darauf vorbereitete hatte, dass sie uns besuchen würde und es auch dann ganz entspannt sei. Nach der praktischen Durchführung hatte ich ein kurzes Reflexionsgespräch mit meiner Praxislehrkraft. In diesem Gespräch erwähnte sie, das ich verstärkt auf die Nähe und Distanz achten sollte und das ich mir in der Zeit eine Beschäftigung suchen sollte, damit Kai nicht das Gefühl hat, dass ich ihn beobachten würde. Sie machte mir den Vorschlag, dass ich mich, während Kai sich rasiert, auch rasieren sollte und somit ein Vorbild für ihn sein kann. Ebenso gab mir meine Praxislehrkraft wieder, dass ich in der praktischen Durchführung mit Kai geduldiger sein sollte und ihm mehr Zeit/Raum geben sollte in seinem Tun.

In der nächsten Session mit Kai habe ich versucht auf die Kriterien meiner Praxislehrkraft einzugehen. Ich stand neben Kai und hatte mich selber rasiert und an mir selber ihm gezeigt, wie er sich am besten rasieren kann. Ganz schnell viel mir auf, das Kai viel lockerer wirkte in der Situation und sich dadurch nicht aus der Ruhe brachte. Im Spiegel konnte ich beobachten, dass er mir genau zu sah, wie ich mich rasierte. Dadurch versuchte er, die gleichen Techniken anzuwenden. Dies tat er, ohne dass ich ihn dazu aufforderte.

Zurzeit ist die Situation so, dass wenn ich neben ihm stehe macht er seine Rasur sehr gründlich, was wohl auch daran legen wird, weil ich mich auch rasiere, wie meine Praxislehrkraft vorgeschlagen hatte. Kai ahmt Bewegungen nach (Haltung des Rasierers, Handhabung etc.). In dieser Situation haben wir das Bild der Nachahmung vorliegen. Ich mache etwas, in dem Fall das Rasieren und Kai realisiert, das es sehr gut funktioniert, wie ich es mache und ahmt es dadurch nach.

Mit den Durchführungen werde ich immer zufriedener. Ich merke dass es für Kai eine Selbstverständlichkeit geworden ist, dass ich ihn unterstütze bei der Gesichtspflege. Das kann ich daran feststellen, dass Kai es mittlerweile für eine Selbstverständlichkeit hält, wenn ich ihn freundlich darum bitte, dass er mit mir in das Männerbadezimmer geht, damit wir gemeinsam, jeder für sich, sich rasiert. Das ist eine großartige Entwicklung, auf dem Weg zum Ziel, die einen laufgenommen hat, den ich auch nicht vorhersehen konnte.

Zu diesem Zeitpunkt habe ich das Gefühl, das ich nun die richtige Methode gefunden habe, womit das Ziel, das Kai sich weitestgehend selbständig rasiert kann, erreichen könnte.

Theorie – Praxis – Bezug

Für den Theorie – Praxis – Bezug habe ich mir aus der Sinneslehre den Tastsinn und den Sehsinn ausgewählt. Den Tastsinn habe ich mir ausgewählt aus dem Grund, weil Kai mit seinen Händen ertasten kann an welchen Stellen er noch Bartstoppeln hat. Durch den Spiegel kann er auch mit seinen Augen sehen wie sein Gesicht von der Rasur aussieht. Daher hatte ich mich auch für den Sehsinn entschieden. Hierzu braucht Kai ein wenig Übung, um die beiden Sinne vollständig einzusetzen. Im Folgenden werde ich eine inhaltliche Zusammenfassung vom Tastsinn und dem Sehsinn schreiben. Zuerst wende ich mich dem Tastsinn zu:

Tastsinn

Jeder von uns ertastet jeden Tag aufs neue Gegenstände in verschiedenen Situationen. Stellen wir uns einfach mal vor, in unserem Wohnzimmer laufen wir gegen eine hängende Lampe. Sofort spüren wir einen Schmerz, vielleicht blutet es sogar. Wir laufen dagegen weil an dieser Stelle vorher keine Lampe war oder wir das erste Mal in diesem Wohnzimmer sind, z.B. bei jemand zu Gast sind. In unseren eigenen vier Wänden würden wir sofort die Lampe umhängen, damit so etwas nicht wieder passieren würde. Das alles sind Tastwahrnehmungen die wir jeden Tag erleben. So ein ähnliches Beispiel beschreibt Herr Auer in seinem Buch „Sinnes – Welten". Das oben beschreibende Beispiel kommt aus meinen Alltag und macht, finde ich, ganz deutlich wie wichtig es ist, das wir diesen Tastsinn haben. In vielen Situationen im Alltag bewahrt er uns oft vor schlimmen Unfällen.

Im Vortrag von Michael Steinke, was er als Buch herausgebracht hatte unter dem Titel „Tastsinn und Lebenssinn und ihre Metamorphosen" beschreibt er mehr den Aspekt, in Bezug auf Rudolf Steiner. In der Wissenschaft wird gesagt, dass alle vier Hauptsinne, Lebenssinn, Bewegungssinn, Gleichgewichtssinn und der Tastsinn ein Wahrnehmungsbereich hat. Herr Steinke beschreibt in seinem Buch, dass nur der Lebenssinn, Bewegungssinn und der Gleichgewichtssinn ein Wahrnehmungsbereich hat aber der Tastsinn von innen heraus erlebt wird in die Leibesgestalt, als ein sogenannter Hohlraum. Er verdeutlich dies noch einmal in einem simplen Beispiel, er schreibt wie folgt: „wenn ich frühmorgens schlaftrunken mit dem Kopf gegen eine offene Schranktür laufe, bin ich durch den Aufprall hellwach". Dieses Beispiel von Herr Steinke macht sehr deutlich, dass der Tastsinn nicht als Außenwahrnehmung dient, sondern um das Ich-Bewusstsein zu aktivieren.

Im Vortrag von Herr Steinke beschreibt er selber, dass Rudolf Steiner den Tastsinn eher dem Gleichgewichtssinn zugeordnet hatte, was ich sehr spannend finde. Herr Steinke zitiert Rudolf Steiner wie folgt: „Eine ganze Reihe von Sinnen (kann man) als solche des Tastsinns bezeichnen. Nicht aber darf man von einem eigentlichen Sinn des Tastsinns sprechen... Angenommen, man fasse einen Gegenstand an. Was da vorgeht, erschöpft sich eigentlich ganz im Gleichgewichtssinn. Wenn man einen Körperteil drückt, wird nämlich das Gleichgewicht in dem Körperteil gestört, und es nichts andres vor, als was innerhalb des Gleichgewichtsinnes geschieht". Hier wird es ganz deutlich, dass der Tastsinn etwas mit dem Gleichgewichtssinn zu tun hat. Egal ob wir etwas streicheln, drücken, schlagen etc. müssen wir auch unser Gleichgewicht ausbalancieren. Also wird der Tastsinn immer dort gebrauch, wo auch der Gleichgewichtssinn tätig ist.

Der Tastsinn ist also für jeden von uns, von großer Bedeutung. Nehmen wir an, unser Tastsinn wäre gestört durch eine Behinderung oder durch einen Unfall etc., wäre, zu mindestens am Anfang, wenn wir keine Übung haben, auch unser Gleichgewichtssinn nicht ganz in Ordnung. Dies wird bei den Menschen ganz deutlich, die ein Taubheitsgefühl in den Beinen haben, sie müssen dann im Rollstuhl sitzen und könnten nicht laufen, weil sie nichts spüren in den Beinen und somit der Tastsinn aussetzt und das Gleichgewicht dies in vielen Fällen nicht ausbalancieren kann. Oder auch anders herum könnte man sagen dass der Tastsinn immer auch mit dem Gleichgewichtssinn zusammen spielt.

Ein weiterer ganz wichtiger Aspekt ist für mich, dass in der heutigen Zeit der Tastsinn viel weniger in Aktion kommt, wie noch vor einigen Jahren. Eine ganz große Rolle spielen dabei sicher die Medien. Damals haben Kinder z.B. noch viel mehr im Sandkasten gespielt und haben gespürt, wie sich die verschiedenen Materialien anfühlen. Heute dagegen sitzen sie vor dem Fernseher, spielen am Computer oder chatten mit ihren Freunden in sozialen Netzwerken.

Bei einem Säugling sind diese Tastempfindungen sehr empfindlich, auch wenn sie diese noch nicht so filtern können, wie wir es im erwachsenen Alter können. Im Kindesalter bekommen viele Kinder dann ihre ersten Medien (Smartphone, Computer etc.). Dadurch wird ihnen meiner Meinung nach, das natürliche ertasten von Dingen erschwert, weil ihnen es viel spannender ist mit einem Smartphone zu spielen als z.B. in der Sandkiste.

Wir müssen uns immer wieder deutlich machen, dass jeder Sinn von uns von großer Bedeutung ist. Wenn ein Sinn, z.B. der Tastsinn beeinträchtig ist dann sind die anderen Hauptsinne stärker ausgeprägt als bei einem gesunden Menschen. Bei einem Menschen der nicht sehen kann, wird es ganz deutlich, er kann Dinge ertasten, die wir als sehender Mensch gar nicht wahrnehmen würden.

Nun komme ich zum Sehsinn:

Sehsinn

Durch den Sehsinn nehmen wir die Außenwelt wahr. Wenn wir überlegen und überlegen welches Organ des Menschen das wichtigste wäre, um den Sehsinn zu betätigen, fällt uns als erstes das Auge ein. Herr Auer beschreibt in seinem Buch „die Sinnes-Welten", dass das Auge nie still steht, auch wenn wir etwas ruhig betrachten. Das Auge führt ruckartige Bewegungen aus, die so schnell und fein sind, das bei einem gesunden Auge, wir die Bewegungen nicht wahrnehmen können. Ist das Auge z.b. durch einen Nystagmus (ein verstärktes Augenzittern) beeinträchtigt, nehmen wir zeitweise diese schnellen Bewegungen war, was aus meiner eigener Erfahrung sehr unangenehm sein kann. Viele Menschen mit dem Down-Syndrom leiden unter dem Nystagmus, wie auch Kai. Herr Auer beschreibt ein sehr interessantes Experiment in seinem Buch. Man hat versucht mit einer Apparatur, mit einer Haftlinse, die Bewegungen des Auges zu verhindern. Indem die Apparatur auf dem Auge befestig wurde und ein Objekt, in dem Fall ein Diapositiv-Bild mit der Bewegung des Auge mitgegangen ist. Das Ergebnis zeigte, dass das Auge nach wenigen Sekunden, gegenüber dem Bild blind wurde. Das Experiment zeigt ganz deutlich, das die Bewegungen des Auges nötig sind, um Dinge differenziert wahrnehmen zu können.

Wir können mit unseren Auge nicht nur Schatten, hell und dunkel wahrnehmen, sondern auch viele tausend verschiedene Farben. Darüber hinaus können wir durch den Sehsinn die unterschiedlichen Oberflächen und ihrer Beschaffenheit wahrnehmen. Wir sehen z.B. ob ein Tisch rau oder glatt ist, genauso wie wir sehen ob ein Foto matt oder glänzend ist. Bei dem beschriebenen Beispiel mit dem Tisch, können wir auch unseren Tastsinn einsetzten und fühlen ob die Oberfläche rau oder glatt ist.

Wenn wir uns konzentriert in die Augen schauen, dann können wir wahrnehmen, wie es dem Gegenüber geht, ob er traurig oder vielleicht fröhlich ist. In unserem Auge wird somit unsere Empfindungsseele ausgedrückt. Herr Steinke beschreibt es wie folgt in seinem Vortrag: „Das Auge mit seinen motorischen Möglichkeiten ist die Brücke, die die Seelen des Betrachters und des Betrachteten miteinander verbindet. Menschen, die einander in die Augen schauen, verbinden ihre seelischen Beweglichkeiten zu einem gemeinsamen Tun. Hieran ist der Bewegungssinn beteiligt. In der Sphäre des Sehsinnes erlebt er sich von der leiblichen in die seelische Ebene." Somit drückt unser Auge unsere seelische Verfassung aus.

Der Sehsinn ist mit dem astralischen Leib verbunden. Im Vortrag von Michael Steinke, erzählt er, dass der Sehsinn den außen Raum wahrnimmt. Das bedeutet, das alles was wir von der Außenwelt wahrnehmen, wir zuerst durch unser Auge, unserem Sehsinn wahrnehmen.

Auf dem Kreis der zwölffachgegliederten Sinnesorganisation steht der Sehsinn genau gegenüber vom Tastsinn, den ich auf der letzten Seite beschrieben habe. Wie schon erwähnt, nimmt der Sehsinn den außen Raum wahr, dagegen erleben wir den Tastsinn von innen heraus. Das können wir uns so vorstellen, dass wenn wir den Tastsinn betätigen, wir etwas spüren, im Gegensatz zum Sehsinn, wo wir nur etwas wahrnehmen, z.B. wie groß der Raum ist oder wie weit eine Entfernung ist.

Als ich mir Gedanken gemacht hatte welches Theoriethema ich für dieses Projekt nehme, wollte ich etwas nehmen was Kai selber in der Praxis anwenden kann. Dadurch war es recht einfach den Bezug zwischen Theorie und Praxis herzustellen.

Meine Reflexion auf das Projekt

In der letzten Durchführung im April 2017 konnte ich beobachten, das Kai sich weitest gehend selbständig rasieren kann. Ich bin nur gegen Ende seines Rasierens, ins Badezimmer gegangen und konnte feststellen, dass er sich komplett gut rasiert hatte. Damit habe ich mein Ziel erreicht. Wenn ich rückblickend auf die Anfangssituation schaue, wo Kai nicht in der Lage war sich selbständig gründlich zu rasieren und er nun nach einem halben Jahr dazu in der Lage ist, hat er aus meiner Sicht eine große Entwicklung gemacht. In manchen Situationen braucht Kai zwar noch eine Erinnerungsstütze, das er sich rasieren sollte, aber dann macht er dies auch gewissenhaft, ohne dass ich dabei stehen muss. Für mich war in diesem Projekt sehr förderlich, das ich es geschafft habe eine gute zwischenmenschliche Ebene zu Kai aufzubauen. Dies habe ich geschafft durch viel Kommunikation mit Kai und einem freundlichen Umgangston. Außerdem war die Idee von meiner Praxislehrkraft, dass ich neben Kai stehe und mich selber rasiere sehr hilfreich. So konnte Kai mir nachahmen, wie ich mich rasiere. Die äußerlichen Bedingungen waren am Anfang nicht sehr hilfreich. In dem Zimmer von Kai waren die Lichtverhältnisse zu schlecht um sich gründlich zu rasieren. Als wir in das Gemeinschafsbadezimmer wechselten, gelang mir die Durchführung deutlich besser mit Kai. Meine eigene Haltung war zu Beginn des Projektes nicht optimal. Ich habe oft unbewusst z.B. meine Arme verschränkt. Die eigene Körpersprache viel mir gegenüber Kai selber nicht auf. Meine Praxislehrkraft mache mich beim Reflexionsgespräch, nach dem Praxisbesuch darauf aufmerksam, wie ich mit verschränkten Armen auf Kai wirken würde.

Die eigene Wahrnehmung viel mir, besonders am Anfang des Projektes sehr schwer. Die Wahrnehmung in dem Bezug, wie Kai sich selber rasiert und im Bezug auf meine eigene Körpersprache, wie wirke ich auf Andere?

Für mich war meine offene Art, wie ich auf andere Menschen zu gehe sehr hilfreich. Wie schon oben beschrieben war, denke ich, meine eigene Körpersprache in vielen Situationen sehr hinderlich. Dadurch habe ich Kai oftmals kein gutes und offenes Gefühl gegeben. Die Erkenntnisse, die ich in den Durchführungen gewonnen habe, habe ich versucht in den darauffolgenden Durchführungen umzusetzen. Sehr oft ist mir dies gelungen aber es gab auch Situation wo es mir nicht so gut gelungen ist.

In dem Projekt habe ich sehr viel über mich selber und über Kai gelernt. Oft war in dieser Zeit meine Geduld gefragt und wie groß meine Nähe und Distanz zu Kai sein sollte. Das Gespür, wann der Mensch eine Distanz braucht und wann er die Nähe braucht, habe ich sehr oft im Projekt erfahren und lernen müssen. Über Kai habe ich gelernt, dass er für viele Dinge sehr viel Zeit braucht und das man ihm aber auch die Zeit geben sollte, die er braucht.

Durch die Auseinandersetzung mit den theoretischen Themen, in dem Fall mit dem Tastsinn und dem Sehsinn habe ich gelernt, genauer hinzuschauen, wie sich der Tastsinn und der Sehsinn auf den Menschen auswirken kann. Das Hintergrundwissen was ich erarbeitet habe, hat mir dabei sehr geholfen.

Der Wahrnehmungsbereich ist noch ein sehr großes Übungsfeld für mich, was ich in Zukunft noch besser erlernen möchte. Ich denke, das dieser Bereich, wenn ich ihn besser erfasse, sich positiv auf meine Arbeit auswirken würde und somit ich insbesondere auch diese Tätigkeit im Projekt noch besser ausüben könnte. Aus dem Grunde, weil mir dann, viele kleine Details an dem Menschen auffallen würde.

Ich glaube, dass Kai sich in den Durchführungen des Projektes ganz wohl gefühlt hat. Am Anfang des Projektes hat er sich sicher etwas bedrängt gefühlt, so macht es mir den Anschein, wenn ich diese Situationen nun reflektiere.

Ich muss noch eine bessere Wahrnehmung entwickeln auf den betreuten Menschen, um noch sozialer aktiv agieren zu können. Hierzu brauche ich von anderen Menschen, die Reflexion auf meine Arbeit, wie ich andere Menschen wahrnehme. In dem Projekt habe ich ein stückweit dies erlernt, aber ich bin noch lange nicht am optimalen Ziel angekommen.

Quellenangaben

Wolfgang-M. Auer

Sinnes – Welten, 4. Auflage von 2007

Verlag: Kösel

Zitate aus den Kapiteln: Wo sind wir zu Hause? – Der Tastsinn

                                Das Wahrnehmungsfeld des Sehens und seine Stufen

Michael Steinke

Tastsinn und Lebenssinn und ihre Metamorphosen, 3 Vorträge von 1993

Verlag: unbekannt

Zitate aus dem Vortrag: Der Tastsinn

Michael Steinke

Sehsinn und Wärmesinn, Anthropologische Grundlagen, 5 Vorträge von 1997

Verlag: unbekannt

Zitate aus dem Vortrag: Der Sehsinn und das Auge

Dr. Karl König

Der Mongolismus. Erscheinungsbild und Herkunft.

Verlag: Hippokrates, 1959

Gliederung

Titelblatt

- Tittel des Projektes
- Name, Seminarjahr, Praxisstelle, Hausgemeinschaft

Biographie und Diagnose

- Biographische Daten, soziale Situation, Fähigkeiten
- Phänomene, die ich bei Kai beobachtet habe
- Diagnose, Behinderungsbild, im Bezug auf das Gespräch mit seinem Vater, was ich geführt hatte und seiner medizinischen Akte

Das Ziel meiner Tätigkeit

- Welche Tätigkeit und wie, in welchem Rahmen, in welcher Zeit
- Was will ich erreichen und welche Mittel verwende ich dazu um das Ziel zu erreichen

Ausführliche Beschreibung der Tätigkeit

- Wie funktioniert die Durchführung?
- Was sind meine Beobachtungen?
- Beschreibung von konkreten Situationen
- Wo stehe ich auf dem Weg zu meinem Ziel? Denke ich, dass ich das Ziel erreichen werde?

Theorie-Praxis-Bezug

- Inhaltliche Zusammenfassung des Tastsinns und des Sehsinns
- Wie ist es mir gelungen, den Bezug zwischen Theorie und Praxis herzustellen?

Meine Reflexion auf das Projekt

- Wurde das Ziel erreicht? Was war förderlich?
- Reflexion auf das Projekt (Was konnte ich? Was viel mir schwer? etc.)

BEI GRIN MACHT SICH IHR WISSEN BEZAHLT

- Wir veröffentlichen Ihre Hausarbeit, Bachelor- und Masterarbeit

- Ihr eigenes eBook und Buch - weltweit in allen wichtigen Shops

- Verdienen Sie an jedem Verkauf

Jetzt bei www.GRIN.com hochladen und kostenlos publizieren